L'homme Supérieur Et L'homme Inférieur

L'homme Supérieur Et L'homme Inférieur

═══◆◆◆◆◆═══

Dr. François Adja Assemien

THE REGENCY PUBLISHERS

Copyright © 2023 by Dr. François Adja Assemien.

All rights reserved. No part of this book may be reproduced in any form or by any electronic or mechanical means, including information storage and retrieval systems, without permission in writing from the author and publisher, except by reviewers, who may quote brief passages in a review.

ISBN: 978-1-961096-26-4 (Paperback Edition)
ISBN: 978-1-961096-27-1 (Hardcover Edition)
ISBN: 978-1-961096-25-7 (E-book Edition)

Some characters and events in this book are fictitious. Any similarity to the real persons, living or dead, is coincidental and not intended by the author.

Book Ordering Information

The Regency Publishers, US
521 5th Ave 17th floor NY, NY10175
Phone Number: (315)537-3088 ext 1007
Email: info@theregencypublishers.com
www.theregencypublishers.com

Printed in the United States of America

Sommaire

Du Même Auteur vii
Introduction ix

1: La Société, La Philosophie Et L'homme 1

2: Le Travail, La Philosophie Et L'homme 10

3: L'avenir, La Philosophie Et L'homme 13

4: La Religion, La Philosophie Et L'homme 17

5: La Morale, La Philosophie Et L'homme 22

6: Le Droit, La Philosophie Et L'homme 26

7: La Politique, La Philosophie Et L'homme 30

8: La Science, La Philosophie Et L'homme 34

Conclusion 39
Résumé Du Livre 43
Biographie De L'auteur 45

Du Même Auteur

Les Rebelles Africains, roman, Edilivre, 2016
Les Règles d'or du bonheur, du succès, de la santé et du salut personnels, Edilivre, 2016
Introduction à la philocure, essai, Edilivre, 2016
L'Afrique interdite, roman, Edilivre, 2016
Le Monde ne vaut rien, essai, Edilivre, 2016
La Côte d'Ivoire a mal, essai, Edilivre, 2018
Président Donald Trump et les Africains, essai, Edilivre, 2020
L'Art de vivre en Amérique, guide, Edilivre, 2019
Education morale et spirituelle, manuel, Edilivre, 2016
La Conscience Africaine, essai, Edilivre, 2016
Thomas Sankara comme Thomas More et Socrate, essai, Ouagadoudou, 2020
Ahikaba, roman, Mary Bro Foundation Publishing, London, 2018
Code électoral, roman, Black Stars, 1995
Portrait du bon et du mauvais électeur, du bon et du mauvais candidat, essai, Black Stars, 2000
La Côte d'Ivoire et ses étrangers, essai, Black Stars, 2002
La Pensée politique pour sauver la Côte d'Ivoire, essai, Afro-Star, 2003
Le Guide africain de philosophie, de sciences humaines et d'humanisme, Abidjan, 1985

L'Afrocratisme, essai, Afro-Star, 2003
The Current slavery in Africa, essay, Global Summit House, 2020
Corona virus, essay, Global Summit House, 2020
Let's save humanity and life, essay, Global Summit House, 2021
La Puissance des femmes américaines, essai, GoldTouch Press, 2021
The Power of American women, essay, GoldTouch Press, 2021
America is paradise, essay, Author's Note, 360, 2021
La Philosophie de l'esprit africain, essai, L'harmattan, 2021
Aboubou musique, essai, La Philocure, 2003
Philosophy about life, essai, Global Summit House, 2021
The African Rebels, novel, Page Turner, 2020

Introduction

La philosophie du développement personnel et sociétal utilise un concept qui lui sert de moteur: **l'homme supérieur.** Celui-ci s'oppose à **l'homme inférieur.** Une lutte féroce est engagée entre ces deux types d'homme. L'homme supérieur est la négation dialectique (dépassement et conservation) de l'homme inférieur. Nous construisons notre vision de l'homme, de la société, de la civilisation et du monde sur cette dualité. L'homme supérieur est en lui tout seul un programme de civilisation et d'humanisation. C'est toute une axiologie et tout un eudémonisme visant à changer la face du monde, à transformer la société, à améliorer la condition humaine ou à transformer l'humanité. Notre philosophie s'oppose à l'eugénisme et au transhumanisme des mondialistes comme pratiques biologiques, génétiques, médicales, à des fins politiques, hégémoniques, économiques et génocidaires. Elle s'oppose au covidisme et au vaccinisme criminels de l'oligarchie et de la ploutocratie capitalistes, bourgeoises. Notre philosophie rejette la pensée dominante, c'est-à-dire l'école officielle, classique et universelle de pensée. Le monde et l'humanité évoluent selon les écoles de pensée qui font autorité. Dans l'histoire, ces écoles de pensée dominantes ont provoqué des catastrophes, des génocides, des crimes tous azimuts contre l'humanité et la civilisation. Pour nous, il est temps de les combattre, de les dépasser. Il faut mettre fin à leur suprématie illégitime et nuisible.

Ces écoles de pensée dominantes ont créé l'homme inférieur comme agent du mal et auteur de la décadence du monde. Elles ont enfanté des barbares, des monstres et des démons qui veulent supprimer les êtres humains sur la terre et les remplacer par des machines, des robots (eugénisme, transhumanisme). Notre philosophie est donc une philosophie du soupçon, de la rupture, de la révolution salvatrice. En effet, elle va tenter de réparer les torts ou de réduire les dégâts causés par la pensée dominante en substituant l'homme supérieur à l'homme inférieur. Pour nous, la solution du problème mondial et humain actuel consiste à construire une métaphysique humaniste nouvelle autour de l'idée d'homme supérieur pour éduquer, assagir et transformer l'homme actuel. Tout problème humain trouve sa solution dans la transformation de l'esprit des hommes par une nouvelle façon de penser qui s'impose comme pensée dominante. L'esprit de chaque individu doit être changé, éclairé, discipliné à tout moment que cela s'avère utile et nécessaire pour sauver l'humanité et le monde. Un clou chasse un autre clou indésirable. La dynamique de la pensée crée l'histoire. La pensée bouleverse l'odre, transforme l'homme, la société, la civilisation. Ce que la pensée négative a engendré comme mal peut et doit être supprimé. L'humanité doit être corrigée, améliorée par une nouvelle pensée. Tel est le programme (la mission) de la philosophie du développement personnel et sociétal. Cette école de pensée révolutionnaire va substituer la société idéale à la société hideuse actuelle, la civilisation à la barbarie. L'histoire humaine se crée avec différentes écoles de pensée. Notre école à nous se met dans ce combat, dans cette dynamique et elle est sûre de remporter la victoire. Elle s'engage résolument dans la lutte révolutionnaire en faveur de l'humanité qui est en proie à un génocide planétaire voulu et planifié par les covidistes, les vaccinistes, les mondialistes, les attalistes (**L'Avenir de la vie**), les malthusianistes, les auteurs de **Le Grand Reset,** les eugénistes, les transhumanistes.

Ainsi nous ferons le portrait moral, psychologique, axiologique de deux types d'homme: celui de l'homme supérieur et celui de l'homme inférieur. La philosophie a pour tâche principale de définir les êtres et les choses en montrant leur essence. Elle fait fréquemment usage de la question socratique: «Qu'est-ce que?». Par exemple, qu'est-ce que l'homme? Qu'est-ce que l'homme supérieur? Qu'est-ce que l'homme inférieur? Qu'est-ce qui sépare ces deux types d'homme? L'homme est une idée générale et abstraite (concept). Comme tel, l'homme n'existe pas. Il est pensé. Il n'est pas une réalité physique, historique, biologique. Il n'est pas observable car il n'est pas situé dans le temps et dans l'espace. Il n'est pas une donnée de l'expérience sensible, empirique. L'homme est construit abstraitement, intellectuellement, logiquement (par raisonnement) par l'esprit humain. Comme tous les concepts, le concept d'homme a une compréhension et une extension. Sa compréhension est l'ensemble des propriétés qui forment son essence. Son extension est l'ensemble des êtres auxquels s'appliquent ses propriétés essentielles. Ici on peut définir l'homme comme un être doué de raison, c'est-à-dire un être qui pense logiquement et qui parle. Aristote complète cette définition en disant que l'homme est un animal politique, c'est-à-dire un être social ou collectif (il ne peut vivre qu'en groupe). Quelles sont les propriétés générales qui constituent l'essence de l'homme? Il y a la raison, la pensée, la parole, l'intelligence, la conscience, la mémoire, l'imagination créatrice, l'inventivité, la volonté, l'entendement etc. Quelle est l'extension du concept d'homme, c'est-à-dire la catégorie d'êtres, l'ensemble des êtres auxquels s'appliquent toutes les propriétés essentielles définissant l'homme? Il s'agit de tous les individus ou de tous les êtres chez qui on trouve la raison, le langage, la parole, l'intelligence conceptuelle, la pensée abstraite, logique, la créativité, l'inventivité, l'imagination etc. Ces qualités ne se trouvent pas chez les animaux, les plantes, les choses et autres. Elles constituent la particularité de l'homme comme une catégorie d'êtres à part, très différente des autres catégories d'êtres. Tout être qui possède ces qualités énumérées est reconnu homme. Il est classé, rangé dans le groupe des hommes. Il est distingué des animaux, des plantes, des pierres... L'homme n'est pas un individu, un homme particulier. Les articles définis (le, la) et indéfinis (un, une) montrent la différence entre le concept (idée générale et abstraite) et la réalité concrète, particulière (individu). Ainsi l'homme (comme généralité) est différent d' **un** homme (individu particulier).

L'homme supérieur et l'homme inférieur sont des constructions philosophiques, c'est-à-dire métaphysiques, morales, axiologiques. Ce sont des concepts régulateurs. Ils désignent deux catégories d'êtres et non pas deux individus ou deux réalités concrètes particulières. L'homme supérieur est notre idole. C'est notre instrument de combat théorique, moral, philosophique visant à refaire l'humanité et à améliorer le monde. C'est un étalon de mesure, un modèle ou le maître du tailleur. Nous rêvons de voir tous les humains de ce monde se transformer en héros, en champions, en génies créateurs, inventeurs, en étoiles pour faire progresser l'humanité et la civilisation à l'infini. C'est une soif implacable pour nous. C'est notre obsession intellectuelle, métaphysique, morale, notre eudémonisme. Nous initions la philosophie du développement personnel et sociétal à cette fin idéaliste et perfectioniste. Nietzsche l'a fait avant nous avec son concept (provocateur aux yeux des théologiens, des religieux) de surhomme (ou surhumain). L'homme supérieur doit aider, guider les êtres humains de toutes les conditions et de tous les statuts à se perfectionner, à évoluer, à prospérer, à devenir très puissant et très heureux (omnipotents, omniprésents, omniscients). C'est une source idéale et inépuisable d'inspiration qui permettra aux hommes de limiter les dégâts, les dangers, les souffrances, les misères et les malheurs causés par l'ancienne école de pensée, c'est-à-dire la pensée dominante, négative, universelle, nihiliste (au sens nietzschéen). Nous exhortons l'humanité à tourner le dos à cette pensée dogmatique, intolérante, criminelle. L'humanité a déjà payé et continue à payer un trop lourd tribut à cette pensée barbare, ravageuse, apocalyptique. Il faut maintenant transvaluer son axiologie, sa psychologie, sa métaphysique, sa science, son eudémonisme, sa morale, son éthique, son droit positif, sa théologie, sa politique, son système économique, social. Tel est l'objet de ce livre.

1

La Société, La Philosophie Et L'homme

Nous avons besoin de l'homme supérieur. Il n'existe pas dans le monde. Il doit être construit mentalement par chacun et vivre comme idéal, modèle et guide d'action et de pensée dans son esprit. L'homme supérieur traduit la perfection absolue, la transcendance. Il sert de norme universelle ou d'étalon de mesure à l'humanité. Nous devons tous être évalués à partir de lui, par rapport à ses vertus et à ses qualités essentielles. Telle est sa raison d'être. Il doit nous habiter et nous hanter partout et à tout moment, pendant toute notre vie sur la terre. Il doit nous permettre de transformer notre vie en existence, de nous métamorphoser positivement, de faire notre révolution personnelle, intérieure (comme disent les bouddhistes). L'homme supérieur traduit la perfection individuelle sans limite comme école morale, éthique, psychologique, humaniste, axiologique, eudémoniste, métaphysique. Il veut inspirer fortement chaque personne et la propulser dans la bataille de l'auto-développement ou de l'auto-construction positive. Il veut accroître la capacité de chaque individu à se prendre lui-même totalement en charge, à se libérer, à être indépendant. L'homme supérieur inculque la conscience perspectiviste et la responsabilité prospective à chacun pour le meilleur devenir et le meilleur avenir de tous. Le monde a besoin de ça. Chacun a besoin de ça. Mais la société ne fabrique pas l'homme supérieur. Il n'y a pas d'école, comme institution officielle ou étatique, nulle part, pour la fabrication de l'homme supérieur. Chaque individu doit donc lutter férocement pour réaliser son progrès, son bonheur, sa grandeur, sa puissance. Chacun est sa propre école axiologique et eudémoniste pour son propre devenir et son propre avenir idéaux. Cette école est constituée par son esprit, son imagination, son intelligence, sa conscience, sa volonté, sa raison, son entendement.

Quel plaisir et quel bonheur pour un homme ordinaire que de devenir héros, génie, champion, sage dans la jungle appelée société humaine! La philosophie du développement personnel se met à la disposition de tout individu désireux de grandir, de prospérer sur tous les plans et de se transformer en l'homme supérieur. Son enseignement porte sur tous les éléments et toutes les qualités qui constituent la personnalité psychologique et morale de l'individu. Elle cherche à transformer le caractère et la mentalité de chacun selon son vouloir. Autrement dit, elle veut briser tous les obstacles intérieurs qui empêchent l'individu de progresser jusqu'au Divin, de réaliser tous ses meilleurs et ses plus grands rêves légitimes. Elle agit donc sur les facultés supérieures de l'individu. L'homme peut devenir l'homme supérieur en prenant conscience de lui-même (connais-toi toi-même) à travers les théories constituant la philosophie du développement personnel et sociétal (son arsenal). Ces théories qui donnent la supériorité à l'individu se nomment volontisme, valorisme, supériorisme, championisme, imaginationisme, visionnarisme. Le supériorisme est la théorie de l'homme supérieur par excellence. Elle construit la supériorité comme valeur absolue. Elle cherche à faire de chaque individu ordinaire, vulgaire, un être transcendant, dominateur, omnipotent, omniscient, omniprésent. Elle veut transformer chaque être humain en Dieu comme Nietzsche l'a fait avec son idéal de surhomme. Notre philosophie du développement personnel veut rendre l'individu absolument responsable, autonome, souverain, indépendant, libre. «L'homme est liberté», a dit Jean-Paul Sartre, philosophe existentialiste et humaniste. C'est la pensée de tous les philosophes de responsabilité, d'agir, de volonté, de supériorité, de puissance, d'optimisme et de progrès illimités.

Nietzsche soutient que Dieu est mort. Il transfère ainsi les attributs anthropologiques, moraux et métaphysiques de Dieu à l'homme qui devient surhomme. Après tout, Dieu n'est qu'une créature de l'homme (anthropomorphisme), un produit de l'imagination créatrice de l'être humain. Dieu est l'image très agrandie et exagérée du roi, c'est-à-dire une transfiguration du chef ou une transposition de ce dernier dans la théologie. Le surhomme de Nietzsche incarne la volonté de puissance qui exclut la faiblesse, la paresse, la petitesse, la lâcheté, la peur devant la vie. Nietzsche appelle tous ces défauts qui consistent à combattre la vie dans sa plénitude (comme phénomène dionysiaque) le nihilisme. Pour lui, c'est la plus grave maladie qui est en train de détruire l'humanité et la civilisation (le nihilisme de l'Européen moderne). C'est le plus grand danger contre le monde que nous devons tous combattre de toutes nos forces. Nous avons donc la caution et la bénédiction philosophiques de Nietzsche de faire ce que nous faisons. L'auteur de **Ainsi parlait Zarathoustra, Le Nihilisme européen, La Volonté de puissance, La Généalogie de la morale, Par-delà le bien et le mal, Antéchrist** est très fier de nous. Les traits caractéristiques de Nietzsche sont le réalisme, le courage, le pragmatisme, l'objectivité, la franchise, l'honnêteté intellectuelle. Nietzsche plaide en faveur de la puissance, de la justice, de l'action, de la vie. Il condamne fermement ceux qui nient la vie, la puissance, qui ont institué le culte de l'injustice, du mensonge, de la faiblesse, de la décadence comme des principes idéaux de bonheur, de progrès, de salut. Il fait la guerre aux idéaux ascétiques de la décadence et du nihilisme (négation du vouloir vivre). Son modèle de société à lui est la société des aristocrates guerriers, très forts, très puissants (héros, vainqueurs). Son dieu préféré est Dionysos. Il exclut les sentiments, les préjugés, les idéaux et la morale ascétiques, nihilistes, propres à l'esclave, à l'homme décadent, à l'homme faible, sans volonté de puissance. Nietzsche fait l'apologie des Préaryens, ses ancêtres allemands. Il les compare à des oiseaux de proie, à des bêtes blondes.

Voyons, à présent, le cas de René Descartes. En s'appuyant sur son ontologie et son anthropologie, les partisans de la philosophie du développement personnel et sociétal pourront se transformer positivement et marcher droit vers l'homme supérieur. En effet, Descartes propose un paradigme à travers son discours ontologique : «Je pense donc je suis». Cela révèle l'essence, la dignité, le pouvoir et la capacité de l'homme à s'assumer comme être libre et souverain. Celui qui pense peut devenir Dieu. L'homme, du fait qu'il pense, incarne toutes les vertus et toutes les qualités sublimes. Il est la lumière et la puissance infinies sur lui-même, sur les choses et sur le monde. Il est la Raison ou le Logos qui gouverne le monde. L'univers est Logos (pensée). La nature est Raison, Logos, connaissance humaine. Nous donnons raison à Spinoza sur sa conception de Dieu, de la nature, de l'univers. Nous sommes tous Cartésianistes, Spinozistes et stoïciens. Il n'y a pas de transcendance divine mais immanence. Nous sommes tous Dieu. Faisons-nous confiance et croyons que nous pouvons tout faire sur le monde et sur nous-mêmes. C'est la pensée humaine qui a construit tout ce qu'il y a dans notre monde humain. Penser, c'est prendre conscience des choses, des êtres, du monde. C'est appeler à l'être. La pensée est au fondement de l'être. Je pense donc je suis créateur du monde et de moi-même. Je suis conscient et responsable. Par le fait de penser, je me libère de toutes les servitudes, de toutes les contraintes, de toutes les formes d'aliénation, de conditionnement, de déterminisme (sociologique, psychologique, physique, métaphysique, moral, théologique), de la nécessité naturelle, universelle, du fatalisme. La pensée rend l'homme souverain, autonome, indépendant. La pensée rend l'esclave roi, maître. Hegel nous l'a enseigné à travers sa dialectique du maître et de l'esclave. Marx nous l'a enseigné à travers sa dialectique du patronat et du prolétariat. Platon nous l'a également enseigné à travers son mythe de la caverne, c'est-à-dire l'ascension dialectique qui fait du philosophe un roi. Le dualisme platonicien (monde sensible-monde intelligible) consacre cela. Le philosophe devient roi, leader de la société et du monde grâce à sa pensée dynamique (cogito ergo sum). Je pense donc je suis roi, étoile, élite, héros, génie, champion, maître de la terre. Descartes ne dit-il pas que la science (pensée) ferait de l'homme comme maître et possesseur de la nature? C'est vérifiable aujourd'hui. Les Occidentaux et les Asiatiques qui sont très avancés en science, en technologie et en technique sont véritablement maîtres et possesseurs du monde. Je pense donc je suis omnipotent, omniscient et omniprésent.

Ainsi le **Discours de la méthode** (ontologie et métaphysique cartésiennes) s'impose à l'humanité comme lumière, panacée et viatique du gigantisme et du développement personnel et sociétal.

Le volontisme renforce le supériorisme. C'est une composante de la philosophie du développement personnel et sociétal. L'adage disant que la volonté soulève des montagnes et fait boire tout l'océan est véridique. Il est à l'honneur ici. Selon le volontisme, vouloir, c'est exister et ne pas vouloir, c'est quitter la vie, le monde et soi-même. Ne pas vouloir, c'est renoncer à tout, refuser de vivre, d'être heureux, d'être homme, d'être grand, puissant. Car la volonté est le moteur, le ressort du monde, de la vie, du progrès, de la prospérité, du succès, du bonheur, du développement personnel et sociétal. Tout ce qui est fait dans le monde est le fruit de la volonté. Le monde humain (sociétés, institutions, cultures, civilisations) est pensé et voulu (Schopenhauer). La volonté est la force, la puissance, la flamme qui se trouvent en l'homme, dans son coeur, son esprit et ses muscles. La volonté a créé l'histoire humaine comme ensemble des actes, des faits, des comportements individuels et collectifs. Il faut que l'individu se serve de sa volonté pour s'auto-construire comme puissance extraordinaire, exceptionnelle, pour progresser, grandir, s'élever au-dessus de sa condition première, naturelle, animale, sociale, déplorable, indigne et inacceptable. Il faut vouloir la grandeur et la puissance à l'infini. Chacun doit vouloir sortir de la faiblesse, de la médiocrité, de l'ignorance, de l'anonymat. Chacun doit se vouloir étoile, héros, champion, élite, lumière pour éclairer, guider, aider le monde. Vouloir, c'est agir, travailler, fournir des efforts très intenses, surhumains, héroïques pour atteindre un but glorieux. La volonté est raisonnable. Elle amène l'homme à reconnaître ses défauts, ses faiblesses et à les supprimer. C'est la guerre contre soi-même. Ensuite la volonté amène chacun à livrer la guerre aux autres, c'est-à-dire à briser tous les obstacles extérieurs situés sur la voie de son progrès, de son développement personnel.

Le visionnarisme montre l'importance des visionnaires dans la marche de l'histoire et dans la vie de l'humanité. Les visionnaires sont indispensables dans la gestion, la direction des sociétés et des familles. Un visionnaire est une personne qui prévoit, prédit, annonce ce qui va arriver à un peuple. Il est perspicace, sagace, sage, prudent. Le monde a besoin des visionnaires pour pouvoir se gouverner efficacement, vivre en paix, en sécurité, dans le bonheur et échapper à tous les dangers graves, à toutes les catastrophes et à toutes les calamités. Chaque homme doit travailler sur lui-même, sur sa personnalité, s'auto-construire en visionnaire, en sauveur. Il doit être ainsi le sauveur de lui-même, de sa famille et de son pays. Gouverner, c'est être capable de prévoir l'avenir, de faire en sorte qu'aucun malheur ne surprenne son peuple (famine, pandémie, guerre, génocide, calamité naturelle, misère, désastre). Il faut des gens clairvoyants, illuminés partout dans le monde. Il faut créer des prophètes politiques. Platon a raison ici. L'humanité a besoin de la méritocratie et de l'aristocratie et non de la démocratie. La démocratie est un régime politique qui confie la direction et la gestion d'un pays à un peuple aveugle, sourd, ignorant, faible, idiot, méchant. C'est le système d'un troupeau de moutons sans berger, livrés à eux-mêmes. Rien ne peut marcher ainsi. L'aristocratie de Platon exige l'homme supérieur à la tête de la société civile. Cela est raisonnable, légitime, salutaire. Seuls les meilleurs ont le droit et le devoir de guider, de gérer et de gouverner le monde.

Ce message est renforcé par le **valorisme**. Cette théorie conseille à chaque individu de se mettre en valeur, de valoriser ses qualités au degré absolu, d'incarner l'homme supérieur afin d'être très utile à soi-même et aux autres. Il faut être une marchandise inestimable dans ton commerce avec les autres. La vie est un échange de valeurs. En clair, chacun vend ses qualités, ses qualifications, ses mérites, ses talents, ses compétences aux autres. Tel est le sens du travail, des relations interpersonnelles. Il faut être le bien suprême, le bien le plus précieux dont les autres ont absolument besoin pour vivre, pour être heureux, être sauvés. Il faut éliminer tous ses défauts, tous ses vices et toutes ses faiblesses personnels. Car nous sommes confrontés à la valeur des autres sur le marché des échanges. Ton prix doit être très compétitif. Il faut être très vendable, très cher et très désirable. Tu es dans une très rude compétition universelle, dans une concurrence féroce, impitoyable. Il te faut gagner, remporter la victoire, être champion mondial. Alors que faire? Il te faut travailler sans relache, sur toi-même, sur ton caractère, te transformer en l'homme supérieur. Les autres n'acceptent pas nos défauts, nos vices. Ils veulent plutôt nos vertus, notre puissance. C'est ce que nous avons à leur vendre (force, beauté, puissance physique, intellectuelle et moral). Valorise-toi au maximum. C'est toi-même qui dois fixer ton prix sur le marché et non quelqu'un d'autre. Pourquoi? Parce que tu n'as pas de prix. Tu es plus cher que tous les prix. Connais-toi toi-même. Celui qui ne se connaît pas ou qui ignore son prix n'a pas de prix. Il se donne en cadeau aux autres. Et les gens n'ont pas besoin de lui. Les juristes disent que celui qui ignore ses droits n'a pas de droit. Toi, tu connais tes droits et ta valeur maintenant. Donc tu as des droits et de la valeur. Il te faut en jouir raisonnablement, légitimement, au maximum. Le valorisme fait de toi la valeur suprême, la valeur absolue. Exploite à fond cette leçon. Elle est la voie de ton bonheur, de ta gloire, de ton salut. Rends-toi très cher et les gens voudront de toi. Ils t'achèteront à prix d'or et à prix de diamant. C'est quand tu es très cher que les gens te voient et te désirent. Comme tu es visible, comme tu leur crèves les yeux, les milliardaires en dollars américains te disputeront comme dans une vente aux enchères. Sois le trésor le plus précieux dans le monde. A partir d'aujourd'hui, change ton attitude vi-à-vis de toi-même et vis-à-vis du monde. Mets-toi réellement en valeur et le reste suivra automatiquement et naturellement.

L'imaginationisme se met à ta disposition. Il prolonge ta formation philosophique pour ton auto-développement. C'est dans ton imagination que tu commences la préparation de ton avenir que tu veux lumineux et glorieux. C'est ton premier outil.

Chez l'homme, tout projet commence par exister dans l'esprit sous forme d'image. L'imagination représente donc la matrice ou l'ovaire dans lequel se forme et se développe un bébé. C'est la fondation de la maison à construire (l'homme supérieur). L'imagination nous permet de voyager très loin, partout, gratuitement, sans nous fatiguer, nous déplacer. Elle nous fournit gratuitement tous les moyens de construire notre avenir, notre bonheur, notre vie. C'est le bon Dieu qui vit en nous comme créateur primordial, omnipotent, omniscient, omniprésent. C'est notre meilleur serviteur désintéressé, bénévole, notre meilleur guide très éclairé de tout moment et de partout. Etant imparfait, faible, impuissant, pauvre, miséreux, l'individu doit toujours solliciter son imagination pour se reconstruire, s'auto-développer, essayer de devenir l'homme supérieur. L'individu doit perpétuellement rêver, imaginer et se donner tout ce qu'il n'a pas mais dont il a besoin. La société ou autrui ne l'ont pas enrichi. Ils l'ont rendu pauvre, miséreux. C'est à lui-même de se créer, de s'offrir ce qui lui manque, c'est-à-dire la grandeur, la puissance, la perfection, la gloire et le bonheur infinis. Son arme ou son outil c'est son imagination créatrice. Il doit s'en servir le plus possible dans la lutte pour créer son histoire et refaire le monde à sa manière. L'imagination est associée à l'intelligence, à la raison, à la volonté et à l'action. L'homme pense, imagine ses œuvres puis les réalise. Sans imagination, il ne saurait y avoir d'oeuvres artistiques, techniques, scientifiques, d'organisation sociétale, politique, économique, culturelle, civilisationnelle. Nous devons faire totalement confiance à notre imagination et en faire un très bon usage. C'est notre force et notre puissance intérieures inépuisables. Elle a engendré la connaissance et le savoir. Science, philosophie, technique, religion, droit, morale, valeurs et institutions lui sont tous redevables. Tous sont ses produits. Elle est la souche de la vie humaine qui repose entièrement sur la créativité, l'inventivité, les recherches et les découvertes des génies, des penseurs, des sages, des héros, des élites, des illuminés. L'imagination est la plus grande et la première panacée. L'imagination fait partie de notre nature profonde, psychologique. Elle est indomptable, inaliénable. Rien (ou personne) ne peut la supprimer de l'extérieur, la censurer ni l'empêcher de fonctionner. Elle est libre, autonome, souveraine. Elle construit l'homme supérieur ainsi que la société idéale.

L'héroïsme et le **championisme** sont des expressions ou des formes variées du supériorisme, du valorisme, du visionnarisme et de l'imaginationisme. Toutes ces théories se complètent et forment une unité cohérente. La philosophie du développement personnel et sociétal exige que chacun fasse tout pour devenir héros ou champion (étapes vers l'homme supérieur). Nous voulons créer un monde d'héros et de champions, c'est-à-dire un nouveau monde ou un monde de géants. Tous les hommes ordinaires et vulgaires doivent se transformer en champions, en héros. C'est notre obsession. D'où l'héroïsme, le championisme (le suffixe «isme» marquant l'excès, l'exagération, l'obsession, l'extrémisme). Nous pensons et nous nous exprimons par (et avec) les superlatifs absolus . La pensée qui se veut philosophique doit être très pure, extrémiste ou viser l'absolu. C'est le propre de la philosophie. Le philosophe est investi d'une responsabilité prospective: changer, corriger, améliorer le monde et l'humanité. Hegel a dit, à juste titre, que chaque philosophe se pose en s'opposant aux autres philosophes. Le philosophe est iconoclaste. Il brise les idoles à coups de marteau (Nietzsche). Il lui faut détruire tout l'édifice du savoir et en construire un nouveau (C'était le projet de René Descartes). Le philosophe doit transvaluer toutes les valeurs en cours dans le monde. C'était le projet de Nietzsche. Tout cela veut dire que le philosophe cherche le vrai absolu, le bien absolu, l'idéal absolu, la perfection absolue, la vertu absolue etc. Il est insatiable et jamais satisfait. Il n'a pas les pieds sur terre. C'est un rêveur perpétuel, un utopiste. Pour lui, le monde réel est posé sur sa tête. Il est renversé. Il est faux, douteux, imparfait, apparent, illusoire. Alors il se donne la mission de le redresser, de le remettre sur ses pieds. L'homme vulgaire dit que le philosophe est bizarre, fou. Pourtant sa mission est très noble, glorieuse et légitime.

2

Le Travail, La Philosophie Et L'hommE

Le travail se définit généralement comme une activité humaine, légale, rémunérée. Sur ce plan, il s'oppose au loisir qui n'est pas une activité rémunérée. Le travail est une dépense d'énergie physique et intellectuelle aboutissant à la production des choses utiles à l'homme. Il permet de créer , de fabriquer, d'inventer, de découvrir les choses qui entretiennent et facilitent la vie de l'homme. Le travail est un acte à la fois politique, économique, social et culturel. Comme tel, il est le propre de l'homme. Il exclut l'animal car il repose sur l'intelligence créatrice, conceptuelle, la raison, le droit que l'animal ne possède pas. La valeur du travail est inestimable. Voltaire nous dit que le travail éloigne de nous trois grands maux: l'ennui, le besoin et le vice. En effet, le travailleur ne s'ennuie pas. Il gagne un salaire qui lui permet de se prendre en charge. Le travail nous rend libres, indépendants et vertueux. Le désoeuvré n'a pas de salaire. Il est pauvre, miséreux, nécessiteux. Il a du mal à vivre. Il peut être tenté de voler, d'escroquer les autres. Il peut être dangereux, nuisible à la société comme délinquant et criminel (banditisme, brigandage, prostitution). Mais dans le système capitaliste, le travailleur n'est pas libre, heureux, digne. Il est exploité, opprimé, «esclavagisé» par le patronat. Il est réduit à un objet, à un instrument de production économique pour enrichir le patronat bourgeois.

Dans la Bible, il est écrit que Dieu a condamné l'homme à travailler pour pouvoir gagner son pain (le Péché originel). Le travail est donc une punition divine. C'est de la souffrance, de la douleur. «Désormais, tu gagneras ton pain à la sueur de ton front», a dit Dieu à l'homme (Adam). Le travail marque la déchéance de l'humanité. La valeur du travail ne fait donc pas l'unanimité des penseurs. Dans la dialectique du maître et de l'esclave de Hegel, le travail libère l'esclave. C'est un acte positif, salutaire. Par contre chez Karl Marx (plus sociologue que métaphysicien), on voit que le travail constitue un facteur d'asservissement, de domination, d'exploitation, d'aliénation, d'oppression de l'homme par l'homme. C'est un acte condamnable car il est inique, inhumain, cynique et immoral. D'où Karl Marx invite les prolétaires à la révolte, à la guerre pour changer le monde et abolir le régime capitaliste. Il veut transformer la société capitaliste en société socialiste et communiste (la dictature du prolétariat sur la bourgeoisie). A travers cette longue histoire du travail, on voit que la société a créé l'homme inférieur et non l'homme supérieur. L'homme inférieur est incarné par les protagonistes de la lutte des classes, c'est-à-dire les bourgeois, les prolétaires, les oppresseurs et les opprimés. Les capitalistes, les socialistes et les communistes sont pareils. Ils sont tous dominés par l'usage de la violence, de l'injustice, de l'arbitraire. Ce sont des acteurs de mal. Nous devons les renvoyer tous dos à dos. Leurs pensées ou idéologies ne cessent d'empoisonner et de massacrer le monde. Cela est responsable des génocides, des guerres et des barbaries qui se déroulent sur la terre. C'est l'école qui forme l'homme inférieur comme ensemble des criminels et des mafieux de ce monde. Cette école de la pensée dominante et de l'homme négatif est inacceptable et condamnable.

Vu sous cet angle, la valeur du travail est négative. La pensée dominante, qui est faite du judéo-christianisme, de l'esclavagisme, du capitalisme, du libéralisme, du socialisme et du communisme, le montre très clairement. Nous devons changer de paradigme pour pouvoir créer l'homme supérieur. Le travail est pour nous le seul moyen, le moyen privilégié, qui permet de créer l'homme supérieur. Pour nous, le travail n'est pas l'activité sociale, politique, économique ou des actions sur la matière visant à produire des biens matériels de consommation qui permettent d'enrichir les uns et les autres, de satisfaire les besoins économiques, financiers des gens. Nous ne sommes pas en science économique ni en science politique ni en sociologie mais en métaphysique. Et la métaphysique travaille uniquement sur l'immatériel, sur l'esprit. Nous sommes dans le royaume des idées, dans le monde intelligible platonique qui s'oppose au monde sensible. Dans cet univers seulement, nous pouvons construire l'homme supérieur à partir d'un travail spécial. Celui-ci consiste, pour l'individu, à se vouloir très grand, très puissant et à se transformer en héros, en champion, en génie, en élite, en étoile. C'est cela le travail pour nous. Ce faisant, il détruit ses défauts, ses vices qui le rendent faible, petit, impuissant. L'individu doit se transformer de l'intérieur, dans son esprit, changer ses mauvaises attitudes intellectuelles, morales, spirituelles. Il doit se purifier, faire sa catharsis (Aristote), sa révolution personnelle ou intérieure (selon le bouddhisme) afin de se rendre maître de la matière, du monde, de la société. Il doit se transformer en Dieu (yoga), c'est-à-dire acquérir les qualités, les vertus de Dieu (omnipotence, omniprésence, omniscience) pour pouvoir vaincre la souffrance, la douleur, la maladie, la faiblesse, les obstacles extérieurs, le mal. Il doit travailler sur son caractère, son tempérament, changer sa nature humaine, devenir un mahatma (âme supérieure), un bouddha, c'est-à-dire un illuminé, éveillé, ayant acquis une nature divine. Il doit devenir un être parfait intellectuellement, moralement, spirituellement qui transcende toutes les dualités de ce monde. C'est le pas franchi par les yogis, les saints hindous. Ici, travailler sur soi, sur son esprit, c'est acquérir l'énergie cosmique, la dompter dans son esprit, se fortifier au maximum, devenir une puissance spirituelle qui dirige le monde, qui maîtrise, contrôle les lois cosmiques, naturelles du grand Tout. L'homme supérieur est le produit ou le résultat de ce type de travail.

3

L'avenir, La Philosophie Et L'homme

Quel type d'homme faut-il créer pour un avenir radieux de l'humanité? L'homme est le produit d'une certaine qualité de pensée. Il s'agit de la pensée dominante. Cette pensée dominante a fabriqué jusqu'à présent des individus qui constituent la classe des êtres indésirables, abjects. Nous ne voulons pas de cette qualité d'homme. Nous voulons plutôt son contraire. Or la pensée dominante ne peut créer que ce type d'homme. Rien d'autre. Par conséquent, **il nous faut combattre la pensée dominante**. C'est pourquoi nous avons créé cette école de pensée intitulée la philosophie du développement personnel et sociétal. Nous voulons que la condition humaine change, s'améliore, progresse. **Notre école veut créer l'homme supérieur.** C'est sur cette matière qu'elle travaille. C'est sa raison d'être. Notre ambition est de changer le caractère de l'homme actuel et de donner à celui-ci des valeurs nouvelles. Il s'agit pour nous d'amener l'homme actuel à se transformer en son contraire en abandonnant son infériorité qui se traduit par tous ses défauts et tous ses vices: faiblesse, impuissance, lâcheté, ignorance, décadence, idiotie, barbarie, prédation, méchanceté, égoïsme, cynisme, matérialisme exacerbé etc. Chaque être humain doit désormais se métamorphoser.

L'homme doit devenir un agent moral parfait (Kant, Socrate, Thomas Sankara, Martin Luther King), un agent juridique parfait (Cicéron), un agent religieux ou spirituel parfait (Gandhi, Jésus, Bouddha, Lao-Tseu, Confucius), un excellent penseur du développement personnel et sociétal (Nietzsche, Hegel, Thomas More, Jean Jaurès, Descartes). Pour l'avenir, nous voulons uniquement des héros, des génies, des sages, des champions, des étoiles, des saints. Nous sommes à la recherche de l'homme supérieur. La future pensée dominante doit être opposée à la pensée dominante d'hier et d'aujourd'hui en ce sens qu'elle va imposer un ordre juste, pacifique, aristocratique et salutaire. Cet ordre nouveau est exigé par le valorisme, le supériorisme, le championisme, le volontisme, l'imaginationisme, le visionnarisme. Il est fondé sur le moralisme, la conscience prospective, la conscience perspectiviste et la responsabilité prospective. Qu'est-ce à dire? La société, les paradigmes, les institutions, la civilisation sont créés par la pensée prospective, la pensée perspectiviste, la conscience prospective et la conscience perspectiviste. C'est cela le visionnarisme. Nous construisons la société et l'homme futurs à partir de la société et de l'homme d'hier et d'aujourd'hui. Cela s'appelle établir le droit à partir du fait. Notre métaphysique humaniste est réaliste et objective. Tous les humains d'hier et d'aujourd'hui sont responsables de la société, de la civilisation et de l'homme futurs. Engageons-nous résolument, avec intrépidité et héroïsme, à bâtir un nouveau monde et une nouvelle pensée. La réalité humaine est toujours le résultat de la pensée humaine. **Qui pense mal vit mal**. Les pensées dangereuses engendrent des malheurs, des catastrophes comme guerre, génocide, décadence… Ainsi la pensée nazie a provoqué la deuxième guerre mondiale, l'holocauste. L'Apartheid, en Afrique du Sud, a créé la violence barbare et des crimes inouïs contre l'humanité. Le racisme et l'esclavagisme ont provoqué des violences meurtrières légendaires aux Etats-Unis d'Amérique. Le capitalisme et le libéralisme ont provoqué la révolution prolétarienne très sanglante. Le socialisme et le communisme issus du marxisme-léninisme ont engendré des guerres, des violences révolutionnaires dans le monde entier (la dictature du prolétariat contre la dictature bourgeoise). Voilà autant d'effets négatifs de la pensée dominante d'hier et d'aujourd'hui. Est-il légitime de maintenir ce statu quo ante pour l'avenir? Non.

Le passage de la monarchie absolue de droit divin à la république, en France, a été un acte très violent, très sanglant (guerres ou révolutions). Cela a été provoqué par la pensée dominante appelée emphatiquement **Les Lumières**. Mais la décolonisation de l'Inde (le départ des colons anglais) a été faite pacifiquement, sans violence, grâce à la grande sagesse de l'Inde. La pensée pacifiste indienne appelée **Ahimsa** (philosophie de la non-violence) a sauvé l'Inde. Elle a permis d'épargner des vies humaines, d'éviter des dégâts matériels contrairement à ce qui s'est passé ailleurs où les indépendances politiques ont été arrachées par des guerres. Les guerres d'indépendance font des millions de morts dans le monde. C'est pourquoi nous voulons former des penseurs pacifistes et des sages comme Mahatma Gandhi, Martin Luther King Junior, Jean Jaurès (tous les trois ont été assassinés pour leur pacifisme et leur sagesse). Nous préférons la paix à la guerre. Nous préférons le pacifisme au bellicisme. Nous préférons la sagesse salvatrice à la folie meurtrière, destructrice. La vie humaine nous coûte trop cher. Nous n'acceptons pas qu'on la mette en danger nulle part dans le monde, dans le grand Tout. Nous voulons un monde de paix et de bonheur éternels pour tous et non un monde de guerre et de malheur éternels pour tous. C'est pourquoi nous condamnons et combattons la pensée dominante violente et guerrière. L'Ahimsa indienne est notre philosophie à nous aussi. Car cela permet de créer l'homme supérieur, la société supérieure et la civilisation supérieure comme réalités spirituelles contre le matérialisme vulgaire et dangereux. Les penseurs du monde qui ne cherchent pas à faire régner la paix ni à favoriser le bonheur, la prospérité, la puissance et la grandeur infinis de l'humanité sont disqualifiés à nos yeux. Ils sont inutiles et nuisibles. Tout penseur digne de ce nom doit avoir la capacité et le pouvoir de rendre sa pensée vertueuse afin de servir l'intérêt de l'humanité dans le sens du bien et du bonheur. S'il pense pour détruire le monde, la société, la civilisation et l'humanité, il n'a pas sa raison d'être. Le mal n'est pas le but de la vie ni de l'humanité. **Le but de la vie et de l'humanité est le bien.** C'est également le devoir suprême de l'homme. L'homme supérieur que nous voulons créer pour le monde a pour mission principale de pacifier la terre et de rendre tout le monde heureux. Il est logé dans l'esprit de tous les saints, de tous les sages, de tous les héros, de tous les génies, de tous les champions, de toutes les élites historiques authentiques. Il transcende toutes les dualités, toutes les faiblesses. Il veut délivrer tous les humains et toutes les sociétés de la souffrance, de la misère, de la servitude, de la pauvreté, de l'oppression, des malheurs. Il est l'espoir et l'avenir de l'humanité.

4

La Religion, La Philosophie Et L'homme

La théologie a créé un lien entre l'homme et Dieu. Elle a conçu Dieu comme le roi suprême, l'être transcendant, absolu, créateur de toute chose, de l'homme et du monde. Elle pose Dieu comme un être omnipotent, omniscient, omniprésent. Pour nous, cela est exagéré. C'est dérangeant et nuisible. C'est inacceptable. C'est le plus grand problème pour la philosophie du développement personnel et sociétal qui cherche à créer **l'homme supérieur** comme étalon de mesure de l'humanité, comme modèle achevé, comme sauveur et libérateur des hommes. L'homme supérieur est le rival, voire l'ennemi mortel du Dieu dominateur et roi suprême du monde et des hommes. Il y a donc un conflit, une rivalité et une émulation mortels entre la théologie et la philosophie qui se veut une pensée libératrice, progressiste, révolutionnaire et iconoclaste. La philosophie veut détrôner, anéantir le Dieu chrétien et rendre l'homme Dieu. «Dieu est mort», a proclamé Nietzsche. La théologie a affaibli l'homme. Elle l'a anéanti. Elle a rendu l'homme esclave et dépendant de Dieu. Elle a rendu l'homme très impuissant, vaurien, paresseux, irresponsable, inférieur, indigne et honteux. La théologie a trop humilié, trop rabaissé, trop bafoué l'homme. C'est indignant pour tout homme réfléchi, raisonnable. La philosophie veut défendre l'homme contre la théologie mensongère et nuisible à l'homme. La philosophie veut réhabiliter l'homme, lui restituer tous ses droits volés et attribués injustement à Dieu. La guerre faite par Nietzsche à Dieu et à la théologie nihiliste est très juste. C'est très raisonnable. Nous soutenons Nietzsche. Nous sommes ses braves soldats légitimes, raisonnables et responsables. Nous choisissons le camp qui aime et respecte l'homme contre le camp qui hait, insulte, méprise et esclavagise l'homme. Nous sommes les amis de l'homme et les ennemis de Dieu. C'est très logique et très légitime. C'est très sage. Le contraire serait de la folie absolue, un non-sens.

Dieu est mort. Il est bel et bien mort. Vive l'homme supérieur! L'homme supérieur remplace Dieu dans notre métaphysique humaniste. Il occupe le trône de Dieu, s'approprie tous ses attributs glorieux comme omnipotence, omniprésence, omniscience. Il vaut mieux transférer la transcendance et toutes les vertus sublimes à l'homme supérieur qui est le nouveau Dieu ou le plus grand Dieu. Dans cette lancée, le philosophe Jean-Paul Sartre soutient que l'homme est liberté, qu'il n'y a pas de Dieu, que l'homme est responsable de lui-même, qu'il doit, par conséquent, s'assumer comme être libre, indépendant, sans peur, sans lâcheté, mais très courageux. L'homme n'est plus un bébé gâté de Dieu qui est mort ou qui n'a jamais existé comme réalité concrète, particulière, historique. L'homme est condamné à se prendre lui-même en charge. Il doit créer et gérer son destin en toute responsabilité. Il lui faut se désaliéner, sortir de l'obscurantisme, de la prison ténébreuse, abrutissante que constitue la religion dite révélée. Il lui faut absolument se débarrasser de tous les dogmes, de tous les mythes, de toutes les croyances superstitieuses qui l'infantilisent et le rendent faible, malheureux et petit. L'homme ne doit pas renier, abandonner sa nature, sa liberté, sa dignité, sa volonté, sa raison, sa souveraineté au profit du néant.

L'homme a créé Dieu à son image, à sa ressemblance. Dieu ne doit donc pas être un obstacle à sa vie et le maintenir dans l'infériorité honteuse. Sa créature ne doit pas l'aliéner, l'affaiblir, le dominer. L'homme doit évoluer, progresser vers son accomplissement absolu. La religion rend l'homme paresseux intellectuellement, passif, ignorant, idiot, naïf, bête. Elle embrigade son esprit (esclavage spirituel, lavage de cerveau, intoxication, mensonges, dogmatisme, préjugés). C'est par les religions dites révélées que sont l'Islam, le judaïsme et le christianisme que les Occidentaux et les Arabes ont pu esclavagiser et coloniser les peuples noirs, africains et autres. La religion sert d'opium très puissant qui endort et aliène la conscience des peuples. Elle favorise et facilite ainsi l'exploitation, la soumission, la domestication, l'oppression de l'homme par l'homme (Karl Marx). Ainsi ces religions révélées ont provoqué des génocides et des barbaries inouïes à travers le monde et l'histoire (guerres de religion, croisades, terrorisme). Ce sont des armes idéologiques au service des bourreaux, des peuples prédateurs, impérialistes, esclavagistes, colonialistes (le **Code noir** de Colbert, le message historique du roi belge, Leopold II à ses missionnaires au Congo). Nous, les philosophes du développement personnel et sociétal, avons un idéal et un but à atteindre qui consistent à **créer l'homme supérieur ou l'homme idéal**. Nous avons nos théories régulatrices, stimulatrices. Nos nombreuses doctrines dévoilent notre morale, notre ontologie et notre politique aristocratiques. Nous sommes au travail contre nos adversaires ou ennemis théologiens. Des héros, des champions, des génies, des sages et des étoiles naîtront tôt ou tard, à coup sûr, de notre enseignement . Le championisme créera des champions, dans tous les domaines. L'héroïsme fabriquera des héros partout. Le valorisme enfantera des hommes de très grande valeur dans tous les domaines. Le volontisme engendrera des gens volontaristes, c'est-à-dire armés d'une volonté de fer qui lutteront à mort pour changer la face du monde (sa faiblesse et sa laideur). Le supériorisme créera l'homme supérieur qui s'affirmera et s'exprimera comme héros, génie, étoile, champion, sage partout, sur la terre.

Dieu est mort. Vive la liberté! Vive une nouvelle humanité! Vive une nouvelle civilisation! Nous serons bientôt dans l'ère des géants universels, des aristocrates, des grands, des puissants, des étoiles. L'ère de la transvaluation de toutes les valeurs est arrivée grâce à la philosophie du développement personnel. Cette philosophie demande à chacun de se réveiller, de s'éveiller, de se lever, de contempler le soleil, les étoiles, la lune. Chacun doit sortir de sa prison religieuse, doit se diriger vers le monde intelligible comme l'exigeait jadis Platon. Le soleil brille pour tout le monde. Chacun doit en profiter au maximum. C'est pour le bonheur et le salut de tous. Le ciel appartient à tout le monde. La terre appartient également à tous ses habitants. Elle ne fait pas de discrimination parmi ses créatures que nous sommes tous. Chacun doit occuper la place de son choix, la place qu'il mérite de par son travail et ses efforts héroïques. Nous voulons la méritocratie, l'aristocratie, la géantocratie, l'élitocratie, l'étoilocratie. La terre doit devenir un pays de bonté, d'amour, de paix, de justice, de vertu, de liberté, de fraternité. Pour nous, la justice est la loi suprême et universelle qui nous impose la tolérance, l'acceptation de la différence, de l'expression de la volonté et de la puissance infinie, au niveau individuel, qui vont créer l'homme supérieur sur la terre. La religion situe son être supérieur au ciel. Notre philosophie du développement personnel et sociétal s'oppose à cela. Nous sommes sur la terre et tout ce qui nous concerne, en tant qu'hommes, doit se passer sur la terre qui est notre royaume commun. Nous devons donc sécuriser et développer notre royaume commun ensemble par notre travail, notre force, notre puissance, notre intelligence, notre génie, notre héroïsme, notre raison, notre conscience, notre volonté, notre imagination. Cela est notre responsabilité prospective, notre devoir régalien. Nous devons tous être habités par la conscience historique et perspectiviste, par la volonté de puissance et par le pragmatisme transformationiste qui suppose l'audace, l'intrépidité, l'action. Dieu est mort. Donc nous sommes libres. La liberté nous permet de nous auto-construire, de nous transformer en l'homme supérieur, de créer un empire salutaire sur la terre. La justice est la vertu cardinale , la matrice du bonheur et du salut universels. Elle favorise la liberté qui est synonyme de dynamisme et de créativité basée sur l'imagination, la pensée rationnelle, objective et l'intelligence conceptuelle. Telle est la source du progrès humaniste et civilisationel véritable. La religion, comme somme de préjugés, de dogmes obscurantistes, totalitaristes et autoritaires, constitue un danger certain à ce projet et à ce programme philosophiques.

La religion est la négation du vouloir vivre, du progrès, de l'homme supérieur. Nietzsche conseille de transvaluer toutes les valeurs modernes, morales, religieuses, psychologiques, métaphysiques, scientifiques inspirées par la faiblesse, la petitesse, la misère, la décadence, le nihilisme et le ressentiment. **La Généalogie de la morale** et **Par-delà le bien et le mal** sont à ce propos des livres très utiles et très significatifs. Il nous faut construire un monde de la grandeur, de la puissance, du bonheur sur la ruine du monde de la petitesse, de la faiblesse, de la paresse, de la misère, du nihilisme et des malheurs actuels. Nous sommes donc en guerre. La philosophie à coups de marteau s'impose à nous tous. C'est une question de vie et de mort. L'homme supérieur ou la mort, nous vaincrons! Dieu est mort. Il doit être remplacé. Haut les coeurs!

5

La Morale, La Philosophie Et L'homme

La morale est constituée par l'ensemble des règles de notre agir et elle nous recommande de faire uniquement le bien et d'éviter le mal. Elle provient de la conscience individuelle et collective. Les actes, les comportements de l'homme sont jugés selon les normes de bien, de mal, de bon, de mauvais. L'homme est moralisé. Son éducation familiale, sociétale, civique est basée sur la morale. Les normes morales sont parfois codifiées sous forme de lois, de préceptes régulateurs. Elles proviennent de la société (morale collective) mais aussi de l'individu (morale personnelle). La morale est formulée par la religion, la philosophie, la famille, la profession, les associations. Ainsi elle est inévitable. Tout être humain est contrôlé et assujetti par la morale. Nous sommes tous des agents moraux. L'homme ordinaire, le chrétien, le musulman, le taoïste, le bouddhiste, l'hindouiste, l'animiste etc. sont tous des pratiquants de la morale à des degrés différents et divers. Chacun a sa morale. Chaque groupe a sa morale. Chaque milieu a sa morale. Le mot morale vient du mot mœurs qui est dérivé du mot latin mors signifiant coutume. Ainsi ce qui est considéré comme bon (comportement, action) par un groupe peut être vu comme mauvais par un autre groupe et vice versa. Les sociétés, les cultures et les civilisations sont différentes les unes des autres. Ainsi le bien et le mal moraux sont relatifs aux sociétés et aux époques. Et les philosophes continuent à débattre sur la nature et la valeur du bien, du mal, des actes et des sentiments moraux sans trouver de réponse univoque, absolue, consensuelle. C'est l'objet de l'éthique, de l'axiologie et de l'eudémonisme (éthique de Kant, de Schopenhauer, de Nietzsche, d'Aristote etc.).

Cette relativité ou subjectivité qui caractérise la morale rend le devoir moral très complexe et difficile à définir. En quoi consiste le devoir moral de l'homme dans la philosophie du développement personnel et sociétal ? **Notre devoir moral général à nous tous ici est de contribuer à la création de l'homme supérieur et d'une société méritocratique et aristocratique**. La pensée dominante a créé des êtres inférieurs et des sociétés injustes, barbares. Elle nous a imposé un ordre socio-politique dangereux, génocidaire, catastrophique (guerre, terrorisme, prédation, esclavagisme, impérialisme, colonialisme, eugénisme, transhumanisme). Cela est immoral à notre sens et inacceptable. Notre morale supérioriste, valoriste, volontiste, championiste, élitiste, aristocratique et méritocratique impose le devoir de créer une nouvelle société, une nouvelle pensée, une nouvelle civilisation, de nouvelles valeurs et un nouveau type d'homme. La société, la pensée, la civilisation, les valeurs de l'homme décadent ne nous conviennent pas. Nous les refusons. Nous sommes des platoniciens, des nietzschéistes, des cartésianistes, des kantistes (impératifs catégoriques et morale de devoir) et hégélianistes. Nous avons notre interprétation et notre compréhension à nous de ces auteurs immortels. C'est eux qui nous conviennent et nous inspirent. En effet, ils nous permettent d'atteindre notre but et d'arracher des victoires. Ils récusent la faiblesse, la petitesse, l'impuissance, la médiocrité, le mal. Ils ont pensé pour élever les esprits, faire progresser l'humanité et le monde. Ils redressent et veulent sauver l'homme décadent, faible, impuissant, irresponsable. Ils le mettent au pas pour son combat libérateur et salutaire à la gloire de l'humanité. Ils ont décidé eux tous de créer les conditions idoines pour l'avènement de l'homme supérieur dans le monde. Ils sont tous supérioristes.

Considérons Nietzsche. Il s'est insurgé contre l'homme faible, médiocre, asservi, décadent, nihiliste, irresponsable, sans volonté de puissance, caractérisé par la négation du vouloir vivre, ravagé par les idéaux ascétiques rapetissants, le ressentiment. Un tel type d'homme est négatif et improductif. Considérons Descartes. Il s'est engagé à détruire l'édifice du savoir et à le reconstruire sur de nouvelles bases plus solides et plus efficaces. Il a entrepris de créer une nouvelle morale qu'il a appelée morale par provision. Il a remis tout le système de pensées en doute (le doute cartésien ou doute méthodique de la connaissance). Il a voulu tout refaire seul, refonder la métaphysique, la connaissance et les règles de l'agir humain. Quelle bravoure! Quelle génialité! Kant, de son côté, a combattu la morale vulgaire, sans valeur morale ou immorale. Il a mis en lumière les fondements métaphysiques des mœurs. Il a énoncé les maximes, les préceptes de la morale authentique, très rigoureuse et salvatrice: les impératifs catégoriques. Il a ainsi fondé la morale du devoir par excellence. «Agis de telle sorte que le principe de ton action puisse être érigé en loi universelle». Il y a également cette maxime ou impératif catégorique: «Agis de façon telle que tu traites l'humanité, aussi bien dans ta personne que dans toute autre, toujours en même temps comme fin, et jamais simplement comme moyen». Voilà une morale qui met la dignité et la valeur de l'homme en valeur et à l'ordre du jour. C'est du supériorisme et du valorisme implicites qui soutiennent notre métaphysique morale et humaniste.

Platon et son maître Socrate nous ont indiqué le chemin qui mène à l'homme supérieur. Ils appellent l'homme supérieur le sage ou le **philosophe-roi.** Ce type d'homme se fabrique grâce à la dialectique ascendante et descendante. Il est le contemplateur de l'**Idée de Bien** qui est dans le monde intelligible. Ce monde est opposé au monde sensible ou monde du commun des mortels (la caverne ténébreuse). Les ennemis du philosophe-roi sont les illusions, les apparences, les préjugés, les conjectures, l'ignorance, les mensonges, le mal, les croyances populaires, superstitieuses. Le monde intelligible est salutaire parce qu'il est peuplé par les Idées (des divinités) que contemplent les sages, c'est-à-dire ceux qui possèdent la perfection intellectuelle et morale, la vertu et la vérité absolues. C'est le monde dans lequel nous rangeons tous les génies, tous les héros, tous les saints, toutes les élites, toutes les étoiles, tous les champions, tous les illuminés (bouddha, mahatma, yogin…). Tous sont des produits du valorisme, du volontisme, du supériorisme, du championisme, du visionnarisme. Considérons Hegel. Il renforce énormément la philosophie du développement personnel et sociétal. Il a fourni la dialectique du maître et de l'esclave qui a changé la face du monde. Sa dialectique domine la métaphysique classique, occidentale. Elle conditionne la théorie de la connaissance et de l'action (morale, politique, droit, humanisme). La pensée de Hegel a beaucoup inspiré l'humanité à la recherche de la vérité, de la justice, de la puissance, de la liberté, du bonheur, de la dignité, de la grandeur. Les disciples de Hegel comme Karl Marx et autres ont changé le monde sur les plans politique, économique, social, culturel, moral, psychologique. Ils ont déclenché des révolutions partout, sur la terre. Ils ont pris la relève des Lumières. Ils ont fait tomber des régimes socio-politiques. Ils ont fait passer le monde du féodalisme et du capitalisme au socialisme et au communisme. Ils ont façonné l'histoire et la civilisation à leur manière.

6

Le Droit, La Philosophie Et L'homme

Le droit positif est-il une entrave ou un bon outil pour notre évolution, notre progrès, notre bonheur, notre salut? Peut-il nous permettre de créer l'homme supérieur? Le droit positif est opposé au droit naturel, abstrait, qui s'appelle aussi la morale. Il est constitué par l'ensemble des lois écrites par un peuple qui servent à gouverner une société. Par exemple, la constitution, le code électoral, le code civil, le code pénal, le code de travail, le droit des affaires, le droit international, le droit public, le droit privé. Le droit est la boussole d'un pays. Il est le fondement et l'instrument par excellence de l'État (Etat de droit). Le rôle principal du droit est d'assurer l'ordre, la sécurité, la paix, la justice dans la société civile. Ainsi il garantit la liberté, les biens, le bien-être de tous et favorise le vivre ensemble, la bonne marche de la communauté (contrat social). Les lois juridiques permettent de régler les conflits, les dissensions, les litiges interpersonnels (tribunal, police, prison) en décernant des sanctions aux gens (récompense ou punition) en fonction de la responsabilité de chacun dans une affaire, dans une situation. Le droit positif contrôle et protège les citoyens.

Il détermine leurs devoirs et défend leurs droits, leurs biens, leurs intérêts. Il intervient à tous les niveaux de la coexistence et fait régner l'ordre, la justice, la sécurité, la paix. Il veille au bon fonctionnement des rapports entre les individus (rapports de type horizontal), d'une part, et entre les individus et l'Etat, d'autre part (rapports de type vertical).

Le dogme politico-juridique affirme que tous les citoyens sont égaux devant la loi, que nul n'est au-dessus de la loi (même pas les gouvernants, les Présidents, les ministres...). Tous les citoyens sont libres et égaux. Le droit positif nivèle les hommes. Il est rigide, intransigeant, contraignant. Il supprime les droits et les libertés naturels au profit des droits et libertés civiques artificiels. Rousseau appelle cela contrat social, c'est-à-dire une libre convention des hommes pour vivre ensemble (consensus populaire). La loi est définie comme l'expression de la volonté générale, comme acte de liberté, de consentement individuel et collectif éclairé, volontaire. Tels sont les préjugés favorables et les dogmes hypocrites, mensongers, optimistes qui se trouvent à la base du système politique dit démocratique et républicain. "On forcera chacun à être libre" (et heureux), dit Rousseau. "Les hommes naissent libres et égaux en droits et en dignité et partout ils sont dans les fers", dit Rousseau. Mais le fameux contrat social les libère, les sauve, les rend heureux. "L'obéissance à la loi qu'on s'est prescrite est liberté", selon Rousseau. "Le plus fort n'est jamais assez fort pour être toujours le maître s'il ne transforme sa force en droit et l'obéissance en devoir", ajoute Rousseau. La légalité et la légitimité sont louées ici comme des valeurs, des acquis du contrat social, du vivre ensemble qui donne la liberté et le bonheur à l'homme. Rousseau condamne ce qu'il appelle l'état de nature (barbarie, sauvagerie) au profit de l'état civil. Cet optimisme naïf envers la loi juridique, l'Etat, la république, la démocratie caractérise tous les penseurs occidentaux (philosophes, politologues, juristes, humanistes) appelés pompeusement et emphatiquement les Lumières (Rousseau, Montesquieu, Diderot, D'Alembert, Voltaire, Pascal...). Ils ont élaboré une anthropologie et une politologie fondées sur des illusions, des mythes, des préjugés grotesques, anti-scientifiques, mensongers, qui se sont avérées totalement inefficaces dans leurs applications. Leurs paradigmes ne marchent pas. Cela est un échec cinglant. La modernité politique, la pseudo-rationalité politique occidentale, est pire que le diable. Le régime socio-politique français du Président Emmanuel Macron, n'est en rien un progrès par rapport à la monarchie française qui a été combattue par les Lumières. Cela fait des massacres et des dégâts insupportables et inacceptables pour les Français d'aujourd'hui. M. Macron est un franc-maçon mondialiste, covidiste, vacciniste, eugéniste, transhumaniste. Il a fait voter la loi biotique en France qui est très dangereuse. Il est parmi ceux qui versent le sang humain dans le monde à travers le génocide planétaire qui s'accomplit à l'heure actuelle à l'aide du covidisme et du vaccinisme. Il est prédateur, impérialiste, esclavagiste, colonialiste en Afrique. Il fait la guerre impérialiste et colonialiste à des peuples africains. Il occupe militairement des pays africains, massacre leurs populations qui sont sans défense, exploite et pille sauvagement leurs richesses minières, naturelles par un système mafieux et terroriste. **Le Pacte colonial** du Général de Gaulle, le **Code noir** de Colbert sont toujours en vigueur en Afrique et dans les Antilles. La **Charte de l'impérialisme** est également toujours en vigueur en Afrique. Tout cela constitue le droit positif appliqué de nos jours dans le monde comme modernité politique, géo-politique et civilisationnelle. Le racisme et la discrimination humaine codifiés qui s'appellent **Apartheid** en Afrique du Sud sont des lois constitutionnelles. C'est du droit positif. Tous les grands crimes contre l'humanité, tous les génocides et toutes les guerres atroces sont faits au nom du droit positif et à l'aide du droit positif. Où est donc la valeur morale et humaniste du droit positif?

Les penseurs, les philosophes (Les Lumières) qui ont oeuvré pour l'avènement de l'Etat de droit, de la république, dans le monde peuvent-ils se vanter ou se targuer d'avoir fait évoluer positivement l'humanité et la civilisation vers le bonheur, le salut? Ont-ils contribué à améliorer l'homme et à créer l'homme supérieur avec leurs paradigmes? Il est évident que le droit positif a contribué à créer et à entretenir le mal sous toutes ses formes dans le monde. Il a créé des Présidents sanguinaires, génocidaires, dictateurs, autocrates, despotes. L'homme supérieur n'est pas dans tous ces systèmes qui détruisent le monde et risquent d'exterminer tous les peuples aujourd'hui. Notre idéal d'homme ne viendra jamais dans le monde par ces voies ou ces systèmes barbares et ignobes. L'homme supérieur ne pourra naître que de notre philosophie du développement personnel et sociétal, du progrès sans limite. Il ne pourra naître que du supériorisme, du valorisme, du volontisme, du championisme, du visionnarisme, de l'imaginationisme. Telles sont les vraies Lumières pour le monde. Tout le reste n'est qu'illusion, mensonge, vanité. Cela maintient l'humanité dans la petitesse et la bassesse.

7

La Politique, La Philosophie Et L'homme

La politique est l'art de gouverner les hommes, de diriger la société civile et de gérer les affaires d'un pays. Cela se fait de différentes manières, à travers plusieurs systèmes et idéologies. Ainsi la monarchie, la république, la dictature, la démocratie, l'aristocratie, l'oligarchie, la ploutocratie, l'autocratie, le despotisme etc. Le but de la politique est le bonheur de l'homme (Aristote). Sa fin est donc morale. C'est un eudémonisme. La politique repose sur des pensées, des idéaux. Elle défend des valeurs comme liberté, justice, paix, sécurité, prospérité, égalité, fraternité, dignité, bien-être, droits de l'homme, droit des peuples, Etat etc. Les philosophies politiques ont servi à créer un monde dans lequel les hommes se comportent comme des loups pour les hommes, un monde dans lequel on trouve divers types d'hommes: les dominés, les dominateurs, les maîtres, les esclaves, les forts, les faibles, les puissants, les grands, les petits, les prédateurs, les oppresseurs, les opprimés, les exploiteurs, les exploités, les pauvres, les riches, les miséreux, les imbéciles, les gens intelligents.

La philosophie du développement personnel et sociétal veut créer un monde d'élites, de génies, de gens très puissants (l'homme supérieur). Ce type d'homme n'existe pas encore sur la terre. Aucun système politique proposé par les penseurs n'a pu créer l'homme supérieur pour aucun pays. Telle est notre préoccupation. A quand l'avènement de l'homme supérieur sur la terre? La méritocratie et l'aristocratie pourront-elles le créer? Platon appelle l'homme supérieur philosophe-roi ou roi-philosophe. Thomas Hobbes l'appelle Léviathan. Hegel l'appelle Esprit absolu. Nietzsche l'appelle surhomme. Toutes ces appelations ne décrivent pas exactement l'homme supérieur, mystérieux, tel que nous le pensons en tant que puissance suprême ou idéal moral et humaniste sublime. L'homme supérieur est une réalité morale et métaphysique qui incarne la plus haute valeur jamais imaginée par l'homme. Son portrait est esquissé par nos concepts régulateurs que sont le supériorisme, le valorisme, le volontisme, l'imaginationisme, le championisme, le visionnarisme, l'étoilisme (du mot étoile). Le supériorisme exige que chaque individu fasse sa révolution personnelle intérieure et qu'il se transforme en un homme meilleur, supérieur à lui-même et aux autres. Il faut qu'il soit l'étoile la plus brillante parmi toutes les étoiles. Il faut qu'il soit un symbole qui marque tous les temps et toute la terre. Il peut s'exprimer comme le plus grand et le plus célèbre des artistes, des sportifs, des scientifiques, des philosophes, des techniciens, des religieux, des politiciens… **Il faut qu'il devienne un être exceptionnel.** L'individu doit s'opposer à l'homme inférieur qui symbolise tous ceux qui n'osent pas affronter ni défier les plus grandes difficultés et les plus grands dangers. L'homme inférieur est nihiliste au sens nietzschéen de ce terme. Il s'agit de tous ceux qui fuient la vie comme ensemble contenant tous les risques, tous les dangers, tous les malheurs, toutes les souffrances. L'homme inférieur est dominé par la peur, la lâcheté, le manque absolu de force, de puissance, de courage, de volonté, de conscience historique. Il a opté pour la facilité, la paresse, la passivité, la petitesse, l'impuissance et la faiblesse.

L'homme supérieur arrivera un jour dans le monde sous les régimes méritocratique et aristocratique. On doit supprimer tous les régimes politiques qui feront obstacle à son avènement. Il se posera sur la terre comme le plus grand sauveur de l'humanité et de la civilisation. Il est le sauveur universel attendu. Nous, philosophes du développement personnel et sociétal, l'attendons impatiemment dans la joie inondant l'univers. Nous sommes ses géniteurs, ses parents naturels. Sa mère patrie est le grand Tout. Tous les saints, bouddhas, mahatmas, sadhus, le portent fièrement et joyeusement dans leurs esprits et dans leurs coeurs avec une dévotion exceptionnelle. Il est leur meilleur et très fidèle compagnon de partout et de tout temps. Il est leur plus grand maître commun comme idéal et esprit. L'homme supérieur est le plus grand événement du siècle et du monde. Il transcende toutes les dualités qui existent dans le monde. Il s'oppose à tous les régimes politiques qui nivèlent et rapetissent les humains. Il s'agit de la démocratie, de la république, de la dictature, du despotisme, de la monarchie, de l'oligarchie, de la ploutocratie. Il combat le capitalisme, le socialisme et le communisme. Il n'aime que la méritocratie et l'aristocratie qui favorisent la grandeur, la puissance et le progrès infinis conseillés par la philosophie du développement personnel et sociétal. L'homme supérieur est le fruit du valorisme. En effet, cette composante de notre philosophie invite l'humanité à mettre la valeur en valeur, à cultiver, à développer les qualités et les vertus qui donnent la puissance et la supériorité à l'homme sur les choses et le reste des êtres. Le valorisme est le géniteur de l'homme supérieur. Il fait l'apologie de la grandeur, du gigantisme, de la méritocratie, de l'élitisme, du championisme. Chaque personne détient en elle des qualités exceptionnelles, intrinsèques, latentes et inutilisées. Le valorisme, la conscience perspectiviste et la responsabilité prospective exigent que l'individu mette sa valeur insoupçonnée à son profit et au profit de la société. Il faut réveiller son esprit endormi, le scruter et l'exploiter au maximum. Cela s'appelle se mettre en valeur. Il s'agit de mettre sa valeur en valeur, de vendre sa valeur ou l'échanger contre les biens ou la valeur des autres. Notre vie sociale, professionnelle, repose sur ce genre de commerce. C'est cela le **travail**. Travailler, c'est, en effet, se vendre aux autres ou monnayer sa valeur. C'est investir sa personnalité et produire des biens ou des choses utiles à l'humanité.

Le valorisme conseille de se rendre très utile à soi-même et aux autres, à travers un échange juste, équitable. Pour ce faire, il faut avant tout connaître ses mérites ou avoir des mérites. Il faut connaître sa valeur et la valeur des autres dont on a besoin.

Il faut vendre de très bons produits aux autres. Il s'agit donc de mettre sa valeur en jeu ou en compétition. Ta valeur doit être une marchandise inestimable, absolument prisée. Ton prix doit être très compétitif. Il faut être très vendable, très cher et très désirable dans la vie sociale et partout. Il faut éliminer tous ses défauts, tous ses vices et toutes ses faiblesses personnelles car on est confronté à la valeur ou aux prix des autres. On est dans une très rude compétition universelle, dans une concurrence impitoyable et il faut coûte que coûte gagner, remporter la victoire, être champion mondial. Pour ce faire, il faut travailler très dur sur soi-même, sur son caractère, son tempérament. Il faut s'améliorer, se transformer en un être idéal, parfait. Chacun a le devoir de devenir champion, héros, élite, saint, génie, Dieu.

8

La Science, La Philosophie Et L'homme

La science peut-elle favoriser la création de l'homme supérieur? D'abord, qu'est-ce que la science? La science est une partie de la connaissance ou du savoir. Elle étudie un double objet: la matière extérieure et l'esprit humain. L'étude de la matière extérieure s'appelle science exacte, expérimentale, physico-chimique, biologique. L'étude de l'esprit humain ou des comportements de l'homme s'appelle sciences humaines, sciences morales ou sciences sociales. Dans cette catégorie, il y a la psychologie, la sociologie, l'anthropologie, l'historiographie, la linguistique, le droit, la morale, la philosophie, l'économie. La grande particularité de la science est qu'elle **découvre des lois** (le déterminisme). La loi est un rapport constant, nécessaire, invariable que le scientifique établit entre deux phénomènes naturels qui se suivent dans le temps et l'espace et dont le premier est la cause et le second est l'effet (loi de cause à effet). Les lois formulées par les sciences expérimentales sont des lois quantitatives parce qu'elles reposent sur des calculs, la mesure, la mathématique. Les lois découvertes par les sciences humaines sont des lois qualitatives car elles excluent tout calcul ou toute mesure rigoureux permettant de prévoir les choses futures avec sûreté. Elles procèdent par la description des choses trop complexes, inquantifiables, imprévisibles (statistiques, tendances). Or qui dit science, dit loi, calcul, prévision, action. Auguste Comte a dit: «Science d'où loi, loi d'où prévision, prévision d'où action». La science est déterministe ou n'est pas. Ainsi la science permet de connaître le futur, de déterminer les choses qui arriveront dans le futur, de les manipuler, de les recréer artificiellement au laboratoire. La science expérimentale constitue un instrument très puissant, très efficace, très fiable. Ses découvertes, ses lois, ses vérités sur les phénomènes naturels donnent la capacité à l'homme de créer, d'inventer des choses utiles ou nuisibles à l'homme. Les inventions techniques, issues de la manipulation des lois scientifiques (la connaissance scientifique) comme outils et machines, facilitent la vie humaine, la rendent très commode, très agréable et très heureuse. Ainsi la médecine, la chirurgie, la pharmacologie, l'informatique, la mécanique. Science d'où technique et technologie qui nous procurent les moyens de notre santé, de notre sécurité, de notre puissance créatrice, inventive, transformatrice et de notre domination sur la nature, sur le monde.

René Descartes dit que la science et la technique rendront l'homme comme maître et possesseur de la nature. Il a raison. L'homme a réussi à vaincre la nature et à la dompter. Il la manipule, la modifie et l'exploite à souhait pour satisfaire ses besoins, ses désirs, ses rêves et sa curiosité intellectuelle (caprices, fantaisies). En possession des lois naturelles, l'homme fabrique parfois des choses qui lui sont nuisibles tels les armes de destructuion massive, les poisons, les virus, les maladies, les pandémies (corona virus, covid-19, Ebola, Sida…). La science et la technique, sa dérivée, font la pluie et le beau temps à l'homme. Elles nous procurent à la fois le paradis et l'enfer, le bonheur et le malheur. Mais l'homme est l'unique artisan et responsable de son bonheur et de son malheur consécutifs à la bonne et à la mauvaise utilisation de ses inventions, de ses créations scientifiques et techniques. Moyen n'implique pas droit. Et c'est là que la philosophie du développement personnel et sociétal trouve sa raison d'être, sa justification, sa légitimité et du travail à faire pour sauver l'humanité et la civilisation. L'homme inférieur est immoral. C'est un démon, un destructeur. C'est lui qui règne en maître absolu sur l'humanité. Il manque totalement de sagesse. Il est très méchant et vicieux. Il travaille à la destruction de l'humanité et de la civilisation. Il contrôle le monde par sa folie meurtrière et génocidaire (guerres, bio-terrorisme, corona virus, covid-19, vaccinations criminelles obligatoires et universalisées). L'homme inférieur sert Satan et le diable. Il pratique l'eugénisme et le transhumanisme à l'aide de la science expérimentale (nano-biologie, nano-génétique, nano-médecine, informatique). Ainsi il est en train de commettre un génocide planétaire. Notre école philosophique veut l'empêcher de continuer son oeuvre diabolique. Nous devons l'empêcher de supprimer l'humanité et de la remplacer par des machines (robots, intelligence artificielle, zombies). Il est ivre de sa science et de sa technologie de destruction massive. Il est machiniste, scientiste, techniciste. L'homme supérieur qui sera créé par la métaphysique humaniste et la morale de devoir (Kant) le freinera et lui barrera la route pour ses crimes innombrables contre l'humanité et la civilisation. Le moteur de ses crimes est son esprit. C'est sa volonté de puissance destructrice, prédatrice, impérialiste, esclavagiste. Cela s'exprime par son grand projet terrifiant de former un gouvernement unique sur la terre. Il est en train d'imposer un ordre satanique à l'humanité qu'il appelle la nouvelle normalité. C'est l'avènement de la scientocratie et de la technocratie eugénistes et transhumanistes tyranniques et criminelles. Cela leur permettra de stériliser et de tuer les trois quarts des habitants de la terre. L'homme inférieur veut contrôler les mouvements, le cerveau, le corps, la vie de tous les humains. Il cherche à manipuler, à téléguider tout le monde qu'il va transformer en robot et en zombie. Il est en train de mettre des puces électroniques, des nano-particules dans le corps de tous ceux qu'on vaccine de gré ou de force soi-disant contre la covid-19. Cela les empêchera de penser librement, volontairement, par eux-mêmes. Ils perdent donc leur liberté, leur autonomie, leur souveraineté, leur humanité. Tel est le programme satanique caché derrière le terrible nouvel ordre mondial et le gouvernement mondial des francs-maçons, des oligarques, des ploutocrates capitalistes du monde. Il est également prévu la création d'une armée unique et d'une monnaie unique numérique planétaires. Cela permettra à l'homme inférieur de posséder tous les pouvoirs (politique, économique, social, culturel, spirituel, militaire) et de disposer de tous les biens et de toutes les richesses de la terre.

Ce programme infiniment criminel doit être dénoncé, dévoilé à tous et combattu par tous. L'homme supérieur ou positif doit se manifester en nous tous par ces temps trop douloureux et trop graves. Il doit nous pousser au combat salutaire. Il doit dominer et régner en chacun de nous. C'est un esprit. C'est l'esprit de la positivité, de la créativité, du progrès sans fin, de la renaissance, du changement qualitatif et humaniste. Il n'est pas un être physique. C'est à nous de le faire vivre dans le monde, dans la société et dans l'histoire pour notre salut. La métaphysique est au service de l'humanité. Elle nous est indispensable. Les valeurs et les idéaux de notre métaphysique sont diffusés par les doctrines intitulées valorisme, volontisme, supériorisme, championisme, imaginationisme, visionnarisme. Nos concepts comme l'auto-construction, l'auto-purification, la conscience perspectiviste, la conscience prospective, la responsabilité prospective doivent servir de cadre général pour la réflexion globale humaniste qui permettra à l'humanité de progresser vers l'homme supérieur. Les valeurs, la pensée métaphysique et la morale humanistes exposées par la philosophie du développement personnel et sociétal doivent guider chacun vers la grandeur, la gloire, la puissance, la liberté et la souveraineté. Elles doivent dresser chacun contre la pensée dominante dogmatique, aliénante, criminelle et mondialiste qui nous transforme en moutons résignés, passifs, irresponsables, dociles, mis en route vers l'abattoir. Un homme informé, averti en vaut deux. Vivement l'homme supérieur!

Conclusion

Ce livre présente notre manière de penser, notre vision de l'homme, de la société, de la civilisation. C'est notre philosophie, notre métaphysique humaniste. Cette philosophie est fondée sur le concept clé d'**homme supérieur**. C'est une métaphysique des valeurs associée à la morale, à l'axiologie, à l'eudémonisme et à l'humanisme. Elle exalte, prône la grandeur, la puissance, le progrès, la liberté, la souveraineté qui doivent conférer le bonheur à l'humanité. Telle est la mission principale (consciente ou inconsciente) de toute philosophie digne de ce nom. Notre but est de contribuer au développement historique, à la créativité et à l'inventivité humaines qui favorisent l'avènement d'un monde meilleur ou le monde des géants, des puissants (l'homme supérieur). Notre combat consiste à informer, à transformer les esprits, les mentalités dans ce monde où tout le monde est empoisonné psychologiquement, manipulé par les préjugés de la pensée dominante, dogmatique, manichéenne et intolérante. La dualité «l'homme supérieur-l'homme inférieur» est une invitation pour le commun des mortels à vouloir se surpasser, se prendre lui-même en charge.

Ce livre est un manuel de la responsabilité prospective, d'indépendance, de libération, de souveraineté individuelles. Il prône la volonté de puissance personnelle. Le passage de l'homme inférieur à l'homme supérieur constitue un processus dialectique.

L'homme supérieur se construit à partir de l'homme inférieur, par des dépassements successifs, c'est-à-dire par l'élimination progressive de tous ses défauts personnels (révolution intérieure, personnelle selon le bouddhisme). La phrase de Nietzsche («Dieu est mort») interpelle tous les humains sur leur responsabilité prospective, sur leur devoir régalien. Cela invite les hommes à transvaluer toutes les valeurs nihilistes en cours dans le monde en décadence, à se créer de nouvelles valeurs salvatrices, aristocratiques. Cela va donc contre la pensée dominante et la civilisation occidentale devenue toxique. La philosophie du développement personnel et sociétal saisit cette perche. Elle met son point d'honneur à cultiver les valeurs aristocratiques chez tous les individus. Elle conscientise tout le monde sur la valeur des valeurs aristocratiques. Elle appelle chacun à cultiver le gigantisme, la perfection sans fin, la grandeur infinie, la puissance illimitée, le bonheur éternel.

Tout cela est enseigné par nos écoles spécialisées et dénommées valorisme, volontisme, supériorisme, imaginationisme, championisme, visionnarisme. La philosophie du développement personnel et sociétal veut mettre l'humanité à jour. Elle veut la régénérer, la réinventer, l'améliorer, la dynamiser, la réveiller de son trop long sommeil dogmatique frisant le comas. Notre livre sécoue donc la conscience de chaque individu et lui donne un miroir psychologique, spirituel et métaphysique pour découvrir, mépriser, condamner sa petitesse, sa laideur, sa faiblesse, son impuissance, sa vanité. A la fin, l'individu doit se métamorphoser et progresser vers un avenir meilleur, radieux. C'est la continuation de la philosophie du soupçon, de la puissance, de la grandeur, du progrès, du bonheur, du succès, de la victoire. Cela est basé sur la culture et le développement de la volonté de puissance qui nous conduira à l'homme supérieur. Les penseurs d'hier comme Hegel, Descartes, Nietzsche ont travaillé hardiment dans ce sens. Ils nous ont laissé un très précieux héritage que nous devons savoir protéger, exploiter, fructifier, développer et adapter à notre époque actuelle. C'est le plus important de nos devoirs régaliens. C'est notre plus grande responsabilité prospective. Prenons en pleinement conscience. Réalisons la noblesse et la nécessité de continuer ce travail qui va sauver l'humanité et la civilisation en proie présentement à tous les maux les plus graves de l'histoire humaine.

Notre principe est ceci: il ne faut pas condamner le présent sans rien proposer en retour. Il faut éviter de tomber dans le pessimisme et le défaitisme de l'homme passif, nihiliste, lâche et irresponsable. Il faut plutôt lutter, agir et faire évoluer les choses et le monde. Ce livre se veut un vademecum, un viatique pour tous. Nous souhaitons du courage et de l'intrépidité à ses utilisateurs qui voudront s'engager dans cette voie critique. Leurs apports ou contributions personnels, critiques, seront les bienvenus. Ils seront très utiles pour renforcer et intensifier ce combat noble et glorieux. La philosophie vit, se nourrit, se développe, progresse grâce à la polémique et à la contradiction dialectique. Elle défend la liberté de pensée et la liberté d'expression qui sont ses conditions sine qua non d'existence. Elle condamne le dogmatisme dictatorial dans le champ de la pensée. Car cela tue la connaissance en général (science et philosophie). Chaque philosophe se pose en s'opposant aux autres selon le mot très véridique de Hegel. Mais l'opposition philosophique est dialectique. C'est bien ce travail que nous avons fait ici.

Résumé Du Livre

Ce livre présente la base de la philosophie du développement personnel et sociétal. Il a exposé la dualité dialectique de l'homme supérieur et de l'homme inférieur. En fait, l'homme supérieur est le but ultime ou le projet essentiel de toutes les pensées, de toutes les philosophies morales et humanistes. Et l'homme inférieur est l'ennemi juré et mortel de toutes les philosophies morales et humanistes. L'homme supérieur est le symbole du bien et l'homme inférieur le symbole du mal. Tous les deux sont présents en chacun de nous. Ils nous dominent et nous malmènent sans cesse. Notre devoir est de surmonter, de transcender cette dualité pour parvenir au bonheur authentique.

Biographie De L'auteur

François Adja Assemien est né le 15 mars 1954 en Côte d'Ivoire. Il a étudié les lettres classiques (latin, grec), les sciences humaines et la philosophie. Diplômé en philosophie (Doctorat d'État) et en sociologie (Licence), il s'est consacré à l'enseignement de la philosophie à l'université, à l'écriture et à la recherche académique. Il parle et écrit trois langues vivantes que sont le français, l'anglais et l'allemand.

Il est auteur de plusieurs ouvrages publiés en Europe et en Amérique (romans, essais, contes, pièces théâtrales) et de plusieurs concepts comme l'Afrocratisme, la Conscience Africaine, la Philocure, la Sidarologie, Aboubou musique, La Philosophie de l'esprit africain.

Il est également artiste musicien, compositeur, chanteur et guitariste. Il vit aux Etats-Unis d'Amérique.

www.ingramcontent.com/pod-product-compliance
Lightning Source LLC
LaVergne TN
LVHW040201080526
838202LV00042B/3272